En la orilla de las cosas

Primera edición: mayo, 2019
© Gabriela Riveros, 2019

© Vaso Roto Ediciones, 2019
ESPAÑA
C/ Alcalá 85, 7º izda.
28009 Madrid

vasoroto@vasoroto.com
www.vasoroto.com

Grabado de cubierta: Víctor Ramírez

ISBN: 978-84-120271-3-6
BIC: DCF

Gabriela Riveros

En la orilla de las cosas

Vaso Roto / Ediciones

Con palabras de fuego, mirada reflexiva y a flor de piel, este libro toca la grieta viva donde los demonios de la infancia acechan. Nos hace sentir de qué manera, en cada cuerpo vibra la música de lo posible.

En la orilla de las cosas se dibuja el hilo palpitante de la vida. A su sombra se va tejiendo el cuerpo donde convive lo que fuimos y lo que somos, lo que elegimos y lo que el azar nos ofrece, lo que nos habita y lo que por repulsión nos es ajeno, el ruido y el murmullo, parajes de goce y de riesgo, la inteligencia y el bello impulso ciego, el arrojo y el miedo, lo ancestral y lo nuevo, todo lo que nos forma y nos inconforma, finalmente el silencio y su avatar: la palabra poética justa.

Un libro imprescindible para aprender a mirar y escuchar en cada quien las huellas vivas que nos va dejando y prometiendo la polifonía del tiempo.

Alberto Ruy Sánchez

A la memoria de mi abuelo,
Francisco Riveros Ortiz.

Uno siempre responde con su vida entera
a las preguntas más importantes.

SÁNDOR MÁRAI

I

Doble vida

Me siento sobre la tarde de mis cinco años
en mis piernas el cosquilleo del césped
mi triciclo desconcertado
ficus hiedras devoran el muro
una cochinilla sobre mi palma
desesperada por enderezar su cuerpo
llanto mudo de antenas y tentáculos

En la vida desalojada y entera
ella la otra se cuela entre el filo de mi aliento
con su presencia apócrifa
se empalma a la niña que quiero ser
sombra que reclama una vida propia
a destiempo
en contrapunto

Desde entonces habito la grieta
mi vida en la hendidura
ahí el amparo de la abuela
un piano y un vals *Sobre las olas*
el dulce de leche en mi paladar
lengua cenit de los atardeceres
estrellas manto del cielo
horas de serena lectura
y el consuelo de los guardianes

Fuera de la grieta habito en la posibilidad de encontrarme con ella
de que me observe mientras duermo
de que la puerta se abra
de que me empuje por la baranda

de que me rebane el meñique con un cuchillo de cocina
de que los crujidos del pasillo sean sus pasos
de que anide bajo mi cama
de que muerda mis dedos si tropiezo en el *Minuet* de Bach
de que se apropie de quien quiero ser

Sentada sobre la tarde de mis cinco años
vislumbro el germen de esta doble vida
permanezco inmóvil ante lo desconocido
bajo la necesidad de huir de ella

Desde entonces soy la sombra de ese impulso
una persistencia
—tenaz como la memoria—
el firme reclamo
de no haber reaccionado a tiempo

Niño hermano

Nace él
cometa milenario
destellos de un mundo sin asidero
pozo de dolor sin fondo

El azar es absurdo
se complace en señalarme
con un niño hermano
llanto afónico rostro de costuras
y mi madre volcada en sanar heridas

La impotencia es una enredadera
de plegarias extendidas
hasta los brazos del crucifijo
a veces escucho las voces
las de Él
las de ella la otra
las mías
espero el milagro con esa fe que mueve montañas
un día y una noche
hasta setenta días y setenta noches
setenta veces siete insomnios de incertidumbre

Si Dios no escucha
mi hermano es sólo una posibilidad remota
la falla de un sistema

Una tarde violeta
encuentro compañía
quizá en un *andante cantabile*

o en esa presencia oscura que me habita
tengo ocho años y los miro a todos tras el cristal
acorde disonante

Guardián

Tú provocaste la caída de la noche
las estrellas no te sobrevivieron
con alas de arena morosa
y suspendido sobre el tejado
remueves el pedazo de cielo
que te mira por debajo del estanque

En la orilla de las cosas

Cuando niña navegué en un lago insomne
en ese espacio vasto y sombrío donde la noche se sueña a sí misma
atendí geografías pobladas por el ojo vigilante del vestíbulo
disfrazado de candiles o de abrigos mustios

Cuando niña acaricié el frío del suelo
ahí desfilaron ejércitos de sombras retorcidas
y la impotencia de no poder curarlo a él
—murmullos—
y la certidumbre de que algo alguien
los rarámuris o los demonios o la suerte
me habían señalado complacidos
en ese destino que no atinaba descifrar

Cuando niña trencé con cabellos lisos
la melodía que brotó del piano
el silencio después de cada nota
y la sombra que dejó la tarde
en la orilla de las cosas

Cambio de cauce

Bajo el piano de cola transcurren mis tardes
el suelo custodia mi espalda
sobre el teclado los dedos de mi abuela
La Cacería de Mendelssohn
en esta casa de los leones

Mi pulso cambia de cauce
la vibración se filtra por mis poros
brazos piernas y torso
de lengua y párpados
soy esa música

Ella la otra se despereza de nuevo
hay algo en ese ritmo que la sacude
extiende su presencia en el goce

Bajo el piano de cola habito
desdoblada
ambas somos acorde
concebido al unísono
de dualidad y asombro

Paraje

Tres mecedoras se bambolean a destiempo
sobre un mar de polvo y huizaches
terraza suspendida la tarde serena
y el calor de canícula colmado de cigarras
dos mecedoras amplias para ellos
la mía pequeña
mi voz de niña se torna enredadera
hileras de hormigas sin intervalos
cadillos atrapados en mis calcetines
el abuelo es mezquite silencioso
la abuela sauce que silba y canta
paraje contra el dolor del mundo
y su mano la vida entera

Ramas sostienen la luna
murmura la radio
dormimos en catres de lona
dos grandes
uno pequeño
espejo de acequia escondida
de sauces llorones
las bateas desperezan la mañana
y con el canto del gallo
la vereda se esparce de flores

En las ruinas de adobe los primos
la víbora finge su muerte
huevos de rana mermelada de higo
Emilio degüella un cabrito
exprime el cuero de un marrano
a machete el abuelo troza piloncillo

Regreso a casa en aquel safari
tiempo suspendido sobre el cascajal
once cruces con flores de plástico y polvo

El abuelo es mezquite silencioso
la abuela sauce que silba y canta

Presagio

No escondas tu caracol
quiero ver tus dedos
no sigas a la burbuja del molino
se arrastra el ejército sonámbulo
prisionero entre luces y murallas
tu infancia se destiñe
el césped
su laberinto

Tras el encino
ciudades
gimen a sus muertos
no vengas a esta tierra mía

Una vez tuve once

Los años se me salieron de las manos
diez dedos no eran suficientes
para retener la vida
los demonios de la infancia
alargaron sus tentáculos de insomnio
la cicatriz de mi padre no era de bala
mi hermano jamás se curaría
ella no podría perdonarme
mi tío tenía otra mujer
dos hijos del silencio
del alcohol
de las ganas

Las palabras que importaban no se decían
que él mató a un hombre
los silencios eran timón
el amor se guardaba entre vejestorios
dentro de arcones con cartas
amasadas en basureros
estiércol vidrios rotos

Mi mejor amiga creyó
que su papá tuvo cáncer
me hicieron guardar silencio
su padre tenía sida
varios rostros fiestas de culos y pelucas
yo me reclinaba en su lecho
lo besaba en la mejilla
no quería contagiarme de sangre enferma
de su ejemplo de buen padre

con hijos y esposa fiel
y pensaba en esas fiestas
en sus hijas con listones lindos

Guardé su secreto veinte años
una promesa absurda
un peso enorme que no me cupo
aprendí que la traición a veces salva
y bajé la mirada cada día
tarde
noche

La muerte es el sonido de una flauta
que no conduce a ningún lado

Una vez tuve once
y supe que vivo suspendida
en una grieta de espacios sin tiempo

II

Subsuelo

Hace años me encontré contigo
sin saber que en mi subsuelo serías
el manto más antiguo
sobre el que hoy me sostengo construyo
arremeto furiosa cuando mi Tierra tiembla

Tus palabras de mar —tu silencio—
cambiaron el orden de mis horas
mi geografía pasó a ser tu mueca el mechón de tu frente
el espacio entre tu mirada y mi pensamiento
la distancia de tu risa a mi oído

Tejado

Ahora te veo distinto
ya no importa la sirena ahogada en fuego
sólo quiero ver tu rostro sobre el césped de luna
ella lloró sobre tu casa
aquel surco de llanto
permanece bajo mi cama

Hace días encontré un caracol
adherido al frasco donde guardo las lágrimas
lo desprendí con cuidado
pero no sobrevivió
se convirtió en etiqueta rugosa
tuve que tirarla
pero las lágrimas siguen ahí
me han preguntado si es mercurio
o gotas de manantial cautivas
yo invento historias
porque nadie creería que la luna lloró sobre el tejado

Claroscuro

Habité otras vidas sólidas
redondas enteras
pobladas por la sutil presencia de la otra
el piano envolviendo la tarde
y el anhelo de Europa
mil novecientos noventa y dos
quinto centenario del encuentro
desencuentro de tantos mundos

Dentro del elevador
sus ojos verdes rebasan su acento madrileño
la voz determinada
y el iris
el iris
el iris clarísimo
su fondo perturba el continente que soy
la arrogancia de quien me dobla la edad
de su cabello apenas largo

Somos compañeros de viaje
su presencia subvierte mis órdenes
hurga bajo mis pensamientos estira mi brazo
su aliento se enrosca en el lóbulo de mi oreja
rumbo a Calais cualquier palabra suya
detona mis sentidos
mi percepción se despliega en aromas acantilados
en prados de ovejas robustas
el resto se apaga
los oigo sin escucharlos
son el trasfondo de un cuadro
el único retrato vivo es el suyo

Europa desde mi deseo
de su elección de mí
de los pueblos que encendemos
mosaicos con luna
llovizna de medioevo
cuerpos de alabastro
toco el piano en un bar
y sus ojos verdes
sus ojos entre tantos otros
hurgando dentro de los míos

∞ ∞ ∞

Lo nuestro no es una historia
—el amor las tramas
no pueden contenerse en sí mismas—
estas palabras no son un poema
son una llama vulnerable
ese proceso lento
con que se teje el claroscuro
Rembrandts colmados de contraste
luz dorada que ilumina rostros
y la penumbra en las fronteras
el instante
todo a punto de esfumarse

Un código apenas nuestro
habitamos
túneles el tiempo de la espera
a veces se me olvida que eres casi una niña

∞ ∞ ∞

En la sala de conciertos
la grieta de la incertidumbre
surco donde enraíza la frustración
no quiero perderlo

Ella la otra me acecha
su sombra arremete
la música es mi talón de Aquiles
—ese material peligroso—
el sonido de un violín podría exhibir mi vulnerabilidad
no quiero exponerme
tengo miedo a desatar la correa
a que la otra salga de mí y tome la rienda
a que no haya vuelta atrás

Me escondo en mi caparazón
dejo que las notas resbalen
—el deseo es un nido de humedad y líquenes—
tengo miedo de enhebrar hilos
y ser abandonada

Un bostezo suyo en el concierto
es un pantano

En el fresco de la brisa el empedrado
oscuro
sus palabras caen entre mis pasos
no las dejo entrar
oídos boca vagina
no las dejo entrar
no sea que penetren como su mirada
no sea que aniden dentro

no sea que confabulen con ella la otra
frente a ese aliento castaño
puedo ser la que no soy
y quién soy yo
quién soy yo a los diecinueve

El bostezo me redime
me aleja
de sus yemas en la góndola
de la proximidad de los cuerpos en el Mediterráneo
con el motor averiado y el deseo contenido
y las olas
y la brisa tersa
el fondo de sus ojos claros
y ese mar entintado
con gente desnuda y piedras de río
como las que arrojé de niña junto al abuelo

Qué hago aquí
del otro lado del mundo
envuelta en un mantel mientras cae la tarde sobre su perfil cetrino
qué hago poniendo todo en la cuerda floja
mejor lo escondo en el costal del silencio
ahuyento las historias que me he contado
el miedo es una enredadera voraz

Soy cactus
una especie desconocida para él
no lenguas ni caderas blandas
soy mujer que hace preguntas dardos
para que él escudriñe el fondo de su soledad

∞ ∞ ∞

La última tarde su auto frente al *lobby*
el iris claro en la comisura de la mirada
desciendo del auto y en la despedida
cae un plomo
parecido al arrepentimiento
a esa tortura que es la culpa
la vida que no se sostiene

Ya dentro del hotel me vuelvo
tras el cristal su auto se pierde
el cuarto huele a alfombra vieja
el calor me resulta insoportable
y ese peso que no termina de caer

∞ ∞ ∞

Regreso a casa
soy una pieza mal acomodada
lo cotidiano pierde sentido
habito desde la persistencia
preferiría que él hubiera muerto
un hilo va de mi pesar a su tristeza
y la culpa

Por las mañanas él se pone de pie
enjabona su desnudez del otro lado del mar
me pregunto a los diecinueve
cómo encontrar un hombre
que llene huecos
los del niño hermano
los del subsuelo adolescente
los del iris claro que ronda mis insomnios

Escribo una carta
hurgo en el poder de la palabra
un papel con garabatos
la gota de tinta
—las palabras son impredecibles
apuntan a sus propios blancos
detonan o suprimen nuestro destino—
el meollo es el juego
acercarme a la frontera de su geografía
ver cómo mi territorio se desvanece
hacia un nosotros indefinido

∞ ∞ ∞

Llega él a esta tierra
acaricia los rincones de mi memoria
galopa sobre mis espacios mis historias
despotrica desde mi bosque

Cenamos ante el claroscuro de las velas
me quito la máscara
frente a ese iris verde detallo mi travesía
las velas resplandecen en el acento de sus palabras
¿sabes que eres buena para inventar historias?

Resurge ella la otra
su fuerza contenida
joder, si he cruzado el mar para venir a veros
¿crees que estoy jugando contigo?
se desata mi silencio

Pasan los días y lo evado
deambula sólo por el centro y la montaña
no sé por qué lo hago

Una escalera eléctrica lo aleja hacia la terminal
la otra golpea los muros que la contienen
y la culpa

∞ ∞ ∞

Pasan los años y aún me observa
bajo el insomnio transgrede la madrugada
deambula mis párpados su iris claro

Pasan los años
recibo postales llamadas
y su propuesta

Pasan los años
dejo sonar el teléfono
descifro otras vidas sólidas
redondas enteras

Despedida

Tormenta sobre mi cuarto
quedan en el tejado ídolos y talismanes
pediste que aguardara al pie de la escalera
olvidé columpio velas labios

Ahora sólo me quedan unas manecillas
desfiguradas

Arqueólogo

Introitus
Te espero desde niña
he buscado
un arqueólogo
un hombre que no descanse hasta desenterrar mis ciudades
el origen que sostiene mi mirada

Requiem Aeternam
Réquiem en re menor W.A. Mozart K. 626
coro de St. Petersburgo
en los kioscos de los grandes bulevares
mi composición predilecta
el imperturbable ritmo del *Kyrie Eleison*
un *Dies Irae* furioso y tempestivo
los ríos subterráneos del *Rex Tremendae*

Kyrie Eleison
La Église de Saint-Louis-en-l'Île pasa desapercibida
el portón cruje sobre el silencio de piedra y luz dorada
arcos nichos columnas elevan una plegaria de siglos
camino alrededor de la escultura del rey a caballo
su dedo señala un horizonte inexistente
suelo de ajedrez danzante y techo lejano
los santos a veces lloran luz de luz
de velas peticiones barrocas
surge un susurro enterrado en mi cráneo
te he buscado en todas las miradas

Sujeto la soledad entre mis dedos desde que fui niña
y arrojé piedra bola junto a mi abuelo

desde que descubrí la sombra que deja la tarde en la orilla de las cosas
desde que tuve once y los años se me salieron de las manos

Dies Irae
Él se dirige hacia mí
escurre la primer gota entre mis yemas
algo se desata en mi interior
un insecto alza vuelo en medio de la tarde
y aquellos ojos moros

La ciudad se escabulle por las alcantarillas
por el río por mis venas
la sonrisa detrás de la sonrisa
ellas preguntan
me responde sólo a mí
labios delgados piel tostada
J'ai déjà ton billet
Je ne fais pas long
Sépare-moi une place à côté de la tienne

Rex Tremendae
Por un momento ajeno a los espectadores
reina el silencio dentro del silencio
el director alza los brazos

Nos sumergimos en el *Réquiem*
a veces él sonríe
o cierra los párpados
el ritmo con la punta del zapato
junto a los coros vislumbro la historia de mi vida
cincuenta minutos
imágenes sonidos apisonados allá
del otro lado del océano

me pide que lo espere
recorro de nuevo la iglesia
veo sin ver su cuerpo alto

Agnus Dei
Salimos por el portón
avanzamos sobre preguntas en inglés-francés
hasta cruzar el puente sobre el Sena
l'Île-de-la-Cité el corazón de París
veintiséis años y exiliado
padre muerto en coche bomba
luego su accidente
sus amigos no sobrevivieron
masacres que el FIS realiza día y noche
él vino a Francia
no ve a su madre ni a su hermana
un nombre falso para huir de Argelia
sus muertos reviven en ese espacio invisible evocado por las palabras
continentes rostros voces dispersos que nos hermanan
frunce el ceño y fija su mirada en el horizonte azul dorado
cincelado por cúpulas puentes y palacios al final de la calle
vuelca su mirada inmensa y oscura custodiada por pestañas tristes
nariz angosta y alta como los relieves persas del Louvre
pómulos marcados
nos leemos en la comisura de los labios
en sus dedos de cirujano
cruzamos el río de nuevo
una Orangina y un café frente a Saint-Michel
cinco días para volver a casa

Recordare
En La Sorbonne los cursos terminan a medio día
las clases se vuelven eternas

cada día me espera puntual
caminamos conversamos
y la foto de su hermana
y la de su perro labrador
comemos *kebabs* y *baklavas* en el barrio latino
crepas en el barrio de La Ópera
sobre Argelia y su familia, pregunto
ser médico cirujano partero, pregunto
los cuerpos de chiítas y sunitas son iguales, pregunto
ser mujer y ser árabe, pregunto

Santuarios
pegamos pósters parroquias
conciertos a diario Vivaldi Bach Haydn
un recado en las tumbas de Cortázar y Baudelaire
foto en la casa de Victor Hugo en Place des Vosges
y el teatro diminuto de la cantante calva de Ionesco
en rue de la Huchette
Carmina Burana en la Sainte Chapelle
me cuida sin tocarme
nuestro reflejo asalta los escaparates

El amor es un estado mental
viene en la desembocadura
la poesía no existe

Confutatis Maledictis
Julio 25 de 1995
salgo de la estación Saint-Michel
un estallido
dicen que los argelinos ponen bombas
él tiene su historia
el gobierno de Francia la suya

Todos los días me espera en la puerta
los atentados aumentan la discriminación
barrios suelo empedrado
en su departamento viven otros argelinos
a veces sonríe de lado
la nostalgia también es una grieta

Lacrimosa
Quedan dos tardes y otra bomba

Sanctus
Son argelinos, dicen
voces crujen dentro
alguien que me habita
imágenes que me visitan sin saber de dónde
antes de conciliar el sueño
rondan la noche
no volveré a verlo

Benedictus
Nos sentamos en una banca sin respaldo
los jardines de Luxemburgo
uno frente al otro
mis pies cuelgan
en el suelo hay césped fresco y semillas
sicomoros *platanes* tocan el cielo
todas las personas que ha querido se van
cada vez que llama a casa malas noticias
eres un ángel, dice
encontrarás un hombre bueno
te casarás tendrás hijos
no digas eso ahora

c'est le destin, Bebé
tout ira bien, Bebé
tu écris tes livres
tu seras une étoile dans mon ciel
Je t'aime, Bebé

Communio
Fila para documentar equipaje
ingreso a revisión

Lux Aeterna
Dónde estarás
tu patria tu madre
a dónde se llevó el destino
tu fuerza tus ojos tu aliento

Amén

Geología propia

Juventud apisonada bajo capas de sedimento
en el subsuelo el amor adolescente
cimentando la mirada sobre las cosas
su presencia aún se filtra entre mis grietas
y brota en caudales de memoria a intemperie

Encima del subsuelo estratos policromáticos
vidas sólidas que parecían enteras
la preparatoria contenida en aquellos ojos
en el abrazo cálido la carcajada
montones de piedra bola
canciones en autos repasando la ciudad

De pronto un surco de arcilla
una línea en el diario de entonces
aquel 18 de julio de 1991
sumergida bajo la noche
tuve la única certeza que ha permanecido
frente al mar sublime de viento
de arena que seduce
vislumbro lo que será mi vida
acaricio la espuma de tobillos
el rugido de olas nubes
remotas constelaciones
mi vida sólo será mía
a través de las palabras
de grabar filamentos de piedra caliza
poniendo nombres al eco de las cosas
y ella desde su presencia oscura
por fin accede satisfecha

A veces la tierra tiembla
el suelo se estremece y los estratos se fracturan
quedan expuestos en desorden
violentan la memoria mineral
a aquella noche le siguen los noventa
otra década de sismos temblores
se sacuden lastres de la infancia adolescencia
terremotos fallas grietas
la vida no vuelve a ser la misma

Dicen que en los bosques más bellos de México
hombres mujeres de pasamontañas prados verdísimos
exigen en tzotzil en chamula marchan
el río Charles me inunda con dudas
mi mente cambia su cauce bajo tormentas
elijo al varón de las palabras o al hombre llano
dentro de la estación Saint Michel estalla la bomba
los ojos moros huyen con su aliento suave
noche tras noche el adolescente me enfrenta
no lo quieres a él me quieres a mí
y las noches de luna en la terraza
un oasis con poeta compañero
leemos a Baudelaire a T. S. Eliot
sobre el remanso de un alma gemela
la amenaza constante del iris verde bajo mis párpados
mantos de roca porosa lapidan otras vertientes
el poeta hurga desde su mirada azul
con un amor que me rebasa
lee en la comisura de mi incertidumbre nudos aún no desechos
dicen que murió el candidato el cardenal el catrín la sirena
que murieron los indígenas en Aguas Blancas
en el corazón de la selva y de Guerrero

de otros dicen que ni vivos ni muertos
que el nuestro es un país de desaparecidos
paso la mitad de mis noches frente al piano
exprimiendo preguntas al teclado
a presencias que lo comprendieron todo
y me dejaron sola con su música perfecta
leo a Pacheco y habito en su profecía: *Moriré lejos*
lejos de mí misma
la voz de *La amortajada* nutre mi sangre
me acompaña en el diario recorrido por esta ciudad
por los huecos de las calles y del cielo
por los techos de lámina callejones desbocados
melena vientres expuestos furia contenida
en la parada de camión zapatos roídos
niños amarrados a la pata de una cama
vírgenes color bandera que lloran dolorosas
y mi abuela con celajes de mamey dorado
su alegría de cigarras en canícula
aulas colmadas de fresnos personajes
el migrante que no vuelve
el ansia de la espera una tarde y otra más
el volcán lanza partículas
respiramos cristales que nos rasgan la memoria
el anhelo de amarnos de protegernos
el petróleo subyace al suelo de nuestros amores
muere Octavio Paz canto de quetzal
Mecano gime y la corrupción avanza
queremos genios en vida queremos que estés aquí
armo cuentos ensayos recargada sobre el vidrio
la frontera de lo real nunca ha existido
mis capas de sedimento yacen desperdigadas
amenazan convertirse en piedra estéril

Elijo tu desierto

Se desliza el tiempo sobre el centro de mi espalda
atraca en este puerto que soy ahora
tras el miedo a desplegar las velas del deseo
zarpo hacia los confines de mi cuerpo
me reconcilio con mi naturaleza

De pie sobre la línea de la frontera
vislumbro un hombre llano
elijo ese territorio
elijo tu desierto

Algo estuvo siempre mal acomodado
la soledad que escurría entre mis dedos
el síndrome de mi niño hermano
el amor adolescente con más silencios que palabras

Nuevos lenguajes toman la batuta
en tu desierto no soy ángel ni demonio
tampoco soy la niña que arrojó la piedra bola junto al abuelo
ni la invadida por una presencia apócrifa que se coló entre el filo
                                                    [de mi aliento
no soy el iris verde ni el insomnio de la madrugada
no el recuerdo de los ojos moros
soy una mujer con bolso de viaje
donde guardo retazos de otras vidas

Elijo tu desierto
ella la otra te rechaza
dice que vas a enterrarla
que tendrá que vivir convertida en fósil

dice que hubo un hombre que podía leerme
el poeta compañero que se adentró con delicadeza
en los túneles que me conforman
pero no fue a él a quien elegí
sino el lenguaje del desierto y la llanura
no la comunión

La otra dice que puedo vivir junto a ti porque no puedes leerme
que elegirte es escoger la doble vida
desatender una vocación ancestral
silenciar la mirada que duerme bajo los ojos y el aliento
vivir escindida
dar la espalda a otras presencias
es habitar en el destierro de mi propia historia
al margen de quien creo ser
y yo te elijo a ti
cierro la puerta a su voz ronca
queda la persistencia de su murmullo

Woody Allen dice
comedia es tragedia más tiempo
y yo me río
me río de aquella niña con el pueblo dentro
del profundo anhelo de encontrar un amor
una vida sólida

Despliego estas alas mías sobre tu desierto
vuelo hacia los confines de tu cuerpo
hay códigos tatuados en la piel que deciden por nosotros

Frontera

Suspendidos en la madrugada nos dimos cuenta
nunca habíamos salido del jardín
la ciudad postrada sobre la noche
intercalaba dedos luminosos entre grietas
el otro rostro máscara mutante
ciudad bestia nocturna
su rugido era el pacto fraguado años atrás
era preciso reinventarla
reconocernos en ella

Avenidas lustrosas perfilaron nuestra partida
la nostalgia de los padres
jirones de luna recorrían la ciudad
la noche anudaba mi garganta
afuera del jardín sólo existías tú

Nunca habías estado tan cerca
aunque sólo estuvieras allí mirando a través de la ventana
enmudecido por la partida o el cansancio o mi presencia
o las voces que habían quedado atrás

El auto y la madrugada nos conducían a ese nuevo mundo
pregonado en sermones en publicidad
mientras nos alejábamos del bullicio
un tumulto de recuerdos arbotantes
rostros de niños peatones mendigos
desfilaron por las ciudades internas

La ventana olía a amanecer asperjando nuestros cuerpos
sobre hijos nietos aún inexistentes

el jardín pendiendo de la terraza
alcobas con juguetes tersos
el callejón que conducía a la casa de los padres
la habitación de la otra
amanecer extendido sobre el ancla de tu mano amante
el universo transformado en una palma quieta
en espera de la mía
para descender del auto
cruzar la frontera

III

Mar nuestro

Tu cuerpo se dilata en el claroscuro de la noche
en la única tensión perfecta
el lienzo de tu piel se desdobla en múltiples lenguas
frotando al filo del amanecer
y esas olas
   y esas olas
     y el mar que insiste
     en llegar hasta tu balcón
     con su reiterado vaivén
     que colma

Fuerza centrífuga

Afuera hay un marasmo
de máscaras bailando al son de la hipocresía
mujeres que exhiben su intimidad en conversaciones
cafés que se repiten en todas las ciudades
machos de medio siglo fuman puros
se carcajean junto a trofeos de caza
con la mirada desnudan mujeres varones
esposas hijas hijastros amantes de clóset
como el alcohol lo artesanal es exclusivo
de marca de firma de autor de etiqueta
burbujas que se elevan contenidas en sí mismas
yuppies volátiles como la bolsa de valores
oscilan sobre salas *lounge*
hacen tierra cuando la burbuja estalla
hipsters revestidos de filosofía barata
vidas estoqueadas en redes sociales
miles de seguidores centenares de *likes*
niñas que fotografían su desnudez
surcan heridas que no tienen cura
abusos *bullying* violencia
en una primaria un suicida dispara
contra los otros dentro de sí mismo
cadenas de oración ingenuidad a borbotones
los deprimidos y sus frases *kitsch*
elucubraciones mágicas de fanáticos
pululan metrosexuales en boutiques antros
amigos héroes felices para siempre

Adentro no hay nadie
adentro no hay con quien dialogar

si no se quiere ser el apestado hay que sonreír
—para que no te lean la mirada—
conducir a la oficina conciliar mafias
rellenar alacenas refrigeradores
ser anfitrión de cenas reuniones almuerzos
festejar callar sonreír desvelarse sonreír callar

Adentro no hay nadie
sólo recuerdos
ciudades y vidas no elegidas
adentro hay un páramo de tedio
con los años se vuelve uno invisible
la voluntad se erosiona
hay que ceder una vez y otra más
poner la mejilla izquierda
despojarse del tiempo propio
bienaventurados los pobres de espíritu
se vuelven necesarios las religiones el psicoanálisis
la meditación la quimioterapia
desprenderse de los gustos
hacer sólo lo que marcan reloj y convenciones
lo que otros esperan el deber puntual
y permite que el engrane siga su cauce
un esfuerzo descomunal
para que nadie note nada

Afuera hay un marasmo
adentro no hay nadie

Ausencia

El silencio de esta urbe se recarga en mi rostro
mi indiferencia aterriza sobre aceras y mendigos
sólo reconozco tu olor que desperdigan las cigarras
¿amar la noche mientras mis párpados contienen tu recuerdo?
amarla porque le pertenezco
y en cada ocaso me vuelvo campanario
y así no me tocas nunca
y así me transformo en lágrima para abarcar el mundo
y bajo el agua descubro tu rostro
tus manos

Avanza la noche
la tierra se convierte en cristal fracturado
tu ausencia se incorpora a mi cabello
ensordece la ciudad

Acaricio la noche
ya no soy lágrima ni campanario
soy aliento de barro
sueño de los que yacen bajo el asfalto

Invención a dos voces

Parvadas bifurcan el paisaje
aletean sobre cristales esparcidos en este lago
custodiado bajo montañas almidonadas en sombras
surcos de nieve destilan una luz hiriente

Durante años no pudiste perdonarte
por elegir la vida que te dejó sola
traicionaste tu mirada tu aliento
y cómo vivir bajo el peso de la persistencia
el caracol que se protege en su concha espiral

Sobre las terrazas de Lavaux hay un universo contenido
a punto de desbordarse
un cielo cobalto
artificio sólido y relumbroso
abajo caseríos medievales
encallados en las faldas de cerros
de riveras salpicadas por ventanas y balcones
por torres de iglesias
cantos gregorianos que ya nadie escucha
puentes que soportan más tiempo que andares

El conductor avanza junto al acantilado
se interna en aldeas de viñadores
suspendidas en el costillar del cerro
inmunes al paso de los siglos
al empeño del ciclista
y un manto enorme de silencio
en la geografía del instante
se apodera de todo

Le diste la espalda a la otra
no pudo amoldarse al corsé
no quiso domesticarse para fundirse contigo
te quedaste a cumplir con las expectativas
de ser sensata prudente mesurada

La otra se convirtió en la loca de la casa
la encerraste en tus alcobas subterráneas
por eso tu insomnio perpetuo
porque en el sueño no hay quien la controle
ahí es su territorio y estás a la merced
de su furia de loba milenaria

El murmullo de grullas acuna el resplandor de mediodía
techos inmutables guardianes de teja

Habitas en la disyuntiva
no quieres dejarla morir
temes abrir la puerta
enfrentar la mirada
su aliento
los aullidos
cicatrices surcadas en ese rostro
que es también el tuyo

Cinco veleros bambolean la distancia
autos y trenes fugaces como la memoria
los peatones absortos en su imaginación
y los caracoles babosos corpulentos
y la corteza bajo mis pies
y los cisnes de paseo
y el gato Cálin con su misterio de felino doméstico

se desvanece entre parras suspendidas en hileras
una lancha hereda su cicatriz perenne

A veces te preguntas qué habría hecho ella
si no la hubieras contenido
hubiera huido de las expectativas
hubiera cortado el cordón umbilical
hubiera vivido en otras ciudades
hubiera seguido otros hilos conversaciones aulas
hubiera disuelto culpas
hubiera elegido a un arqueólogo
ella hubiera sido fiel a sí misma
hubiera sido la menor de los rarámuris
la vida que era tuya y no elegiste

Tras la poda hojas y ramas languidecen sobre la tierra
en veredas largas de follaje
de uvas que reposan sus cuerpos de humedad contenida
la brisa los acaricia desnudos
ajenos a la transfiguración cercana
al desprendimiento
a la maceración
al dolor desconocido

No sabes qué hubiera hecho ella porque la encerraste dentro de ti
la condenaste a envejecer contigo como un quiste
huésped incómodo que fermentó la frustración

El graznido de un ave
resquebraja el silencio que resguardan los siglos
una voz de campanas responde
su eco se esparce en la amplitud del valle
sobre el lago extendido reinventa las fronteras

Veinte años después visitas esta ciudad
merodeas el lugar donde tomaste la decisión
cuando las otras posibilidades aún estaban
cruzaste el puente mientras la tarde violeta se tendía sobre el río
renunciaste a otras vidas que seducían tu imaginación
no quisiste confiar en paisajes inciertos

Cruzaste el puente
y tú
jamás ella
decidiste volver a casa
con el deseo de que un día la vida te permitiera reconciliarte
la vuelta de tuerca a tu destino
con el anhelo de saber si tu monólogo sobre aquel puente
fue tu mejor carta

En ese sonido
resuenan también los otros tiempos
los de ellos reposando en memorias subterráneas
y los tiempos tuyos

Destierros

Devastada sobre el llano
sueño dentro y oscuro
en esta noche prolongada
que somete y violenta
la imagen de mis días

Devastada por el iris pardo
planicie de agujas
y de agua
y trueno
habito esta guarida
y en la grieta de mi llaga fértil
guardo con recelo
la pregunta profesada por tus ojos
clavos relucientes que fijaron mis días
sobre la comisura de tus labios

Los días yacen sobre un páramo
sueñan con el perfil de tu frente
de tus ojos sedientos
ojos que hurgan
doblegados ante la duda y el deseo

Guarida

A través de esta ventana de vidrio párpados y noche
tu voz se tiende sobre mis árboles
como si fuera una cosa nuestra
como si merodease un desconocido
que busca descifrar al grillo en el viento
al columpio inerte de este jardín
tan mío desde aquella noche en que llegamos a casa
con la niñez acabando
con el ansia de recorrer el monte y acampar junto al arroyo

Escucho esa voz tuya brotar de la tierra
de la arena blanda que nos cobija las noches
mientras el aire acondicionado ruge feroz
mi padre duerme con la televisión encendida
y las estrellas descienden por el cerro

El jardín vela por todos por aquel perro llorón
su aullido es preludio de sueños
de silencio curtido en sombras que escurren por la barda
y en esa representación se exhiben nuestros secretos

Allí te encuentro
desde siempre
desde que no te conocía
quizá porque la universidad no formaba parte de mis juegos
salía a recostarme sobre el césped
mientras agosto hurgaba con dedos cálidos mi cuerpo
te olía enredado bajo los crespones
entre los huecos oscuros que dejan las estrellas
grillos que no se ven y existen por prodigio

o por acto de fe o parte de un sueño
o por un canto que no existe

Cierra tus ojos
cierra tus ojos y deja que la noche se escurra sobre tu cuello
el anhelo de amarnos bajo el jardín

Después cuando nos hayamos ido
el jardín será un lienzo de susurros
la guarida de nuestros cuerpos
especie de ojo inquieto donde se distingan noche a noche
un grillo invisible un cielo alumbrado por tejas encanecidas
un murmullo de viento y corteza y perros quejumbrosos
este jardín será el rincón donde se encuentren las voces extraviadas
donde se gesten las palabras cuando tú y yo seamos silencio

Metamorfosis

El oleaje de pinos surca la piel de tu montaña enmohecida
ara en ese vaivén de espuma y hojarasca
en la tersura del follaje generoso
en el silencio de esa vaina que tirita
para alimentar el sueño de los inertes
en sábanas de ejército y colmena
combatiendo su propia esperanza
proyectada cada noche bajo párpados frescos

Ráfagas de jaurías encendidas
de viento que asoma y anticipa
unos ojos asomando lustrosos
desde aquella ciudad que sueña y delira
cantares de grillos y asfalto y peatones de olvido
ráfaga que deambula entre la frontera de mis pensamientos
y el crepúsculo de mi vientre ajado por el dolor de tu cuerpo
       y los nuestros
           y lo nuestro

El bosque resguarda esos hijos tuyos
tu memoria incauta
y ese miedo irreverente
       vertiginoso a tu ausencia
a que una noche tus ojos cierren la tristeza de los años
       la fatiga de la madrugada
           del grillo
             del canto
y que al despertar el silencio habite ya tu piel de niña
       y tu sangre de río
           y tus ramas nacientes

y que esa mirada enterrada hoy desde la inmensidad de tus noches
sea entonces sólo el destello de una ciudad lejana
el astro que nadie recuerda

Antesala

El tiempo inmutable en la alcoba
—el pertpetuo letargo que es la espera—
el tiempo dormita sobre un naranjo
sobre la redondez de un cuerpo que se desprende y cae
el tiempo postrado sobre esa piel tuya en la que se guarecen todos
[tus tiempos
el tiempo sueña con alas húmedas
el tiempo se detiene en seco
la noche quieta arde sobre el lomerío

Itinerarios

Una vez
y otra
desde que con dedos de niña
arrojé piedra bola al río Florido junto a mi abuelo
en aquel pueblo enmarcado por enormes nogaleras
cubierto de polvo y silencio
de un cielo que sólo ahí brilla incontenible
contrastando con muros desteñidos

Desde aquel río desierto
sobresalen dos torres de parroquia antigua
encalladas en su deseo de sobrevivir
a parvadas de urracas que ensordecen la tarde
a generaciones que parten al olvido
a un muro reventado por el salitre
al esplendor de las rosas en los patios
a la oscuridad de alcobas clausuradas
al cementerio donde descansan quienes fueron aliento
       canciones de cuna
       la mirada sobre las cosas

Una vez
y otra vez
desde que salí del pueblo con el pueblo dentro
y amé con desmesura
con el desaliento que deja un adiós apresurado
sin saber que una vida entera no es suficiente para borrar un rostro

Desde entonces ríos subterráneos me recorren
pronuncié aquellas palabras de adolescencia remota
palabras que hiciste tuyas al caer la tarde y que olvidé con los años
un lecho de cicatrices burdas y maltrechas
el destino cambió su cauce

Una vez
y otra
me desplegué en mil rostros y ciudades
hacia las vidas que llegaron después
recorrí otros pueblos
encontré guerreros de arcilla
cascadas y tambores en el vientre de los alpes
ruinas con volutas y penachos
la mirada del arqueólogo hurgó en mi fondo
pestañas de argelino exiliado
el cuerpo despedazado de su padre por el coche bomba
la exuberancia de catedrales cual paraíso imaginario
las yemas que abrieron paso al lenguaje del deseo
la góndola suspendida en canales fragmentarios de la noche
recorrí ciudades de vagabundos piezas de museo
suspendidos en la mudez del pasado que nos hermana
portadores de cartones con mensajes
extractos de historias que penden al filo de nuestra memoria

Una vez
y otra
de pie frente al oráculo
desentrañando la profecía
llegaría el hombre llano
la vida en que fui madre
un cuerpo de útero
que desembocó en cascada y vida

en remanso de días y noches sin frontera
en voces miradas
el recuento de lo que he sido

Una vez
y otra vez
y otra más
sin descanso
ese recorrido en la espiral que llevo dentro
en la imagen de un mandala que conduce al centro
donde confluyen todos los itinerarios
        los de la memoria y el olvido
        la piedra bola que arrojé cuando niña junto a mi abuelo
        las palabras que me llevaron a otras vidas
        el vértigo de voces y rostros del mundo
donde al final todo desemboca
en ese instante de inmovilidad y silencio

LA MENOR DE LOS RARÁMURIS

Tú fuiste la menor de los rarámuris
un rostro de niña marcado por el polvo de los ancestros
tu carne oscura y brillante como si el sol brotase por las mejillas
guardas la mirada de los abuelos y las abuelas en el centro de tus
                                                                    [pupilas

Tú no eres ese cuerpo
aunque en él has estado desde que te lo dio Nuestro Padre Onorumae
aquel día en que sentado junto a su hermano el Diablo nos creó
eres la memoria nuestra
una voz que duerme bajo los ojos y el aliento
los ríos acarician esta tierra
murmullo de agua que mana de grieta cálida
la cascada es alma que huye de la montaña
tú el último eslabón de la memoria

Pasas la tarde descifrando en tus palmas
un mapa de innumerables caminos y barrancos
delineados en secreto con el sudor oscuro

Cae la tarde rarámuri
los pinos sucumben al arrebato de la brisa
recorre la sierra con luna
presencias el debate entre fuego y estrellas
humo dorado lame el firmamento

Triunfa la noche
la luna crece y se acerca a nosotros
diosa que se prolonga en las estrellas
para cuidar el sueño

Observas tu manocódigo
ahora sabes que el bosque somos todos
la noche late a tu espalda
trozos de luna incrustados sobre los pinos
sobre nuestras ramas y brazos

La tierra abajo nos custodia
guarece la humedad del suelo
alberga nuestros insectos y madrigueras
los rarámuri han caído del cielo a la sierra
está escrito en las rocas que habitan la montaña
han dado forma de seres humanos a los árboles
colocan uno frente al otro para significar nuestra dualidad
tu dualidad

La tierra es el sostén de nuestros pies
de nuestro andar por la montaña
la madre que nos acoge
el hogarcuevacuerpo del que dependemos

En tu mano infinidad de surcos
bajo el barro de tus juegos de niña
contemplas líneas valles
la luna te observa
como si habitase más allá de esta sierra
del viento helado que se impregna en ojos y huesos
en el tronco de nuestros árboles
la luna es guardiana y no puede entrar al juego
se instala gigante e ilumina la montaña
las hojas se vuelven lenguas de plata
el agua del arroyo se fractura en semicírculos de luz
combatientes de oscuridad trozada

No todos somos criaturas de la noche
pájaros y venados desaparecen
sólo quedan sus murmullos rondando los bosques
nostalgia de la sierra diurna
acercas tu mano al rostro para descubrir más hendiduras
el orden y armonía de tus huellas
mueves el pulgar
la sierra se transforma bajo los músculos de tu palma

Hombres y mujeres se reúnen abajo en torno al fuego
permaneces sobre la rama como criatura guardiana de la noche
tus ojos inmensos casi desapercibidos entre el follaje
todos se han dispuesto a iniciar el rito
residuo impreso en las entrañas
nuestra cara oculta

Acaricias con tu mano derecha tu palma izquierda
reiteradamente
sientes el cosquilleo sobre el centro de tu palma húmeda
cavas lento tu piel y descubres una serie de ecos
la luna silencia el valle
percibes las voces y miradas de hombres y mujeres
congregados alrededor del viejo

Tallas con fuerza la palma
el barro se desprende en delgadísimos rollos
la sierra se estremece
una brisa nos sacude a todos
nubes cubren el cielo y caen sobre la montaña
el mapa se desvanece mientras tú frotas ambas manos con furia
células muertas caen desde tu rama al suelo
borras tu código secreto de aves

raíces de peyote andrógino y cuevas
tus manos se frotan rítmicamente

Los hombres traen al buey atado
tus manos han quedado limpias
sonríes
la luna dibuja su rostro en tus dientes
mantienes fija tu mirada sobre el buey
inmune a sus aullidos
ecos de dolor rascan la memoria de la montaña
siembran el espanto en los niños
tú fuiste la menor de los rarámuris
el buey te descubre en el árbol con ojos de lechuza
y el resplandor de luna como aureola
tu cabello vuela entre las ramas
opaca la última luna que observa el buey
bufa mientras lo destrozan
le encajan pedernales en el corazón
el fuego se refleja en rostros sin pupilas
danza amaestrada con el golpe de sus pies sobre el suelo
él contorsiona sus ojos ahora blancos
su aullido desgarra los pinos de la sierra

Cierras tus puños
entierras las uñas en tu palma
será el último buey sacrificado
un hombre tocará la sierra con sus dedos blancos
las cosas nunca volverán a ser como antes
el buey lee tus pupilas desde su agonía
permaneces inmóvil
el cabello se agita alrededor de tus ojos y acaricia la luna
las mujeres acercan vasijas para llenarlas de sangre
beben hasta que el fuego palidece

todo se convierte en cabeza de buey
en luz que muere hasta que el sueño los ampara
hasta que hombres y mujeres
ebrios por la sangre y la fiesta inician su canto monótono
voces que inundan las barrancas
el cielo es lago luminoso
la luna nada bajo el velo de nubes
arrastra el alma del buey
vuelves tus ojos de lechuza hacia el cuerpo
han terminado por fraccionarlo en partes

Comienza a llover en silencio
gotas finas caen sobre los cuerpos adormecidos
el fuego se apaga
se enciende un olor a tierra húmeda
hierba pino y sueño rarámuri
la sierra es una mujer que huele a caracol tibio
giras tu cabeza y percibes por primera vez el galopar de los centauros
mitad hombre mitad caballo marcan el ritmo sobre la tierra
avanzan hacia ustedes
distingues un chabochi con ojos de cielo
hijo del Sol tal como lo dijeron los abuelos y las abuelas

Buscas tu mano húmeda
no la encuentras
distingues una balsa hedionda en medio del mar
un hombrechabochi erguido entre cadáveres
conjunto de huesos y pellejo sucio calzón de trapos
dos sombras arrancan la piel al recién muerto
cierras los párpados
Cabeza de Vaca hunde sus pies en pantanos
cura sus llagas con saliva
se alimenta de insectos

de las sobras de otros
dios barbado de piel clara
sacerdote prisionero de tribus errantes
vuelve los ojos al cielo despojado de todo
menos de su furia
Hacia el Pánuco siempre
el eco de su voz ronca hambrienta retumba en tus oídos
fatigada de cruzar el océano imaginando pezones de oro

Esta visión no te deja en paz
insiste en filtrar por tu nariz este olor a pantano
        que jamás ha existido en la sierra
        a lagarto balsa y pájaros gritones
        a puma y serpiente
vuelves tus ojos hacia el suelo
el buey te mira desde su muerte
acaso algún día también alcance tu rostro de niña

No tienes miedo
nunca lo has tenido
pupilas negras hijas de la noche
de los rarámuris que rondan a tu alrededor
intentas gritar porque están allí para matarte
para decirte que tus ancestros no son quienes has creído
te aferras a la rama
hombres con el rostro pintado
Cabeza de Vaca te pide que le ayudes a curarlos
estás ahí para colaborar con él
presa
intentas moverte en vano

Despiertas
lames tu cuerpo lentamente

entierras tus uñas
hombres mujeres y niños yacen sobre la tierra
sueñan que los miras
el alma de los rarámuri escapa con la muerte y con el sueño
no hay quien vigile los cuerpos vacíos
tú lo haces

Inicias el descenso
la noche se torna oscura
desaparece el rostro de la luna
extiendes tus brazos y el aleteo cruje en este aire apretado por el
[sueño
por los años en que estarás ausente

Tú fuiste la menor de los rarámuris
un rostro de lechuza y viento y ojos amarillos que nos observan por
[las noches
batiendo el polvo ancestral con esas alas tuyas que terminaron por
[ahuyentarnos la memoria

Consideraciones finales y agradecimientos

Aunque el presente libro incorpora textos escritos entre los años que van de 1993 hasta 2015, lo cierto es que, la voluntad de construir este corpus poético, surgió de manera paralela al proceso de escritura de la novela *Destierros* en 2014. La mitad de los textos fueron escritos alrededor de esa fecha; por esto mismo, hay una estrecha relación entre ambas obras. *En la orilla de las cosas* contiene el germen de ciertos nudos que allá se desarrollan; hay hilos que van de un libro a otro.

∞ ∞ ∞

El texto *Metamorfósis* obtuvo una mención en el Concurso Interamericano de Poesía Fundación Avón Argentina 2005 donde participaron más de 6 000 trabajos.

∞ ∞ ∞

El texto *Geología propia* hace referencia a la novela *Morirás lejos* de José Emilio Pacheco, a la novela *La amortajada* de Maria Luisa Bombal y a la canción *Eungenio Salvador Dalí* de Mecano.

∞ ∞ ∞

Agradezco los consejos de la poeta, traductora y editora Jeannette L. Clariond. Gracias a los escritores Luis Aguilar, Margarita Alanís, María de Alva y Gabriela Cantú Westendarp cuyas sugerencias enriquecieron el manuscrito original. Gracias también a los escritores Alberto Ruy Sánchez por su lectura generosa y a Ricardo Yáñez por sus comentarios.

Índice

www.ingramcontent.com/pod-product-compliance
Lightning Source LLC
Chambersburg PA
CBHW031146090426
42738CB00008B/1246